¡Ssssssshhhhhhhhhhh!

Haz del teatro algo íntimo

Llévalo siempre en el bolsillo

Cubierta y diseño editorial: Éride, Diseño Gráfico
Dirección editorial: ángel jiménez
Imagen de cubierta: Alberto Pérez Sierra
Corrección: María Luisa Toribio

Primera edición: marzo, 2024

Me alegro tanto de verte
© Susana Sierra Álvarez
© Del prólogo: Inma Nieto
© VdB, 2024
Espronceda, 5
28003 Madrid

VdB

ISBN: 978-84-19850-46-1
Depósito Legal: M-8529-2024
Diseño y preimpresión: Éride, Diseño Gráfico

Este libro protege el entorno

me alegro tanto de verte

Susana Sierra Álvarez

Susana Sierra nació en León, ciudad donde se inició en el teatro independiente como actriz y ayudante de dirección. Es licenciada en Filología Hispánica por la Universidad de León y en Interpretación por la RESAD, donde se formó con profesores como Juan Pastor, Vicente Fuentes, Pepe Monleón o Ignacio García May. Ha completado su formación con cursos y talleres impartidos, entre otros, por Adela Escartín y Arnold Taraborrelli, y ha asistido a varias ediciones de las Jornadas de Teatro Clásico de Almagro. Trabajó como actriz profesional en varias obras de teatro clásico y colaboró en muestras para la RESAD. Ha desarrollado tareas de producción y distribución teatral, y organizado talleres de iniciación al teatro para niños y adultos. Desde sus inicios profesionales ha estado vinculada a la escritura dramática. Es correctora y editora y está especializada en textos dramáticos. Es autora del libro *Guía para corregir textos dramáticos. Cómo enfrentarse a un texto dramático sin que sea un drama*, referencia para la revisión y edición de teatro en España e Hispanoamérica. Como dramaturga, propone historias de encuentros que desvelan lo que no se sabe que existe, con personajes desconcertados o que no buscan salidas a una realidad que se muestra irremediable. Salva la ironía y el humor, a veces, y siempre la palabra ágil e introspectiva.

SUSANA SIERRA ÁLVAREZ

me alegro tanto de verte

Para María Barreiro García. Ella sabe

La vida es una hora,
apenas te da tiempo a amarlo todo,
a verlo todo.
La vida sabe a musgo,
sabe a poco la vida si no tienes
más manos en las manos que te dieron.
Al final escogemos un lugar peligroso,
un pretil, una vía,
la punta de un puñal donde pasar la noche.

«La vida es una hora», *Todo asusta*.
Gloria Fuertes

Prólogo

Si echo la vista atrás y busco el primer recuerdo que tengo de Susana Sierra, me viene una casa siempre abierta y con la cocina encendida… Allí disfrutábamos de fiestas, ensayábamos escenas y, cómo no, compartíamos algún drama… o muchos… Allí, comíamos, bebíamos, hablábamos de teatro, nos soñábamos y disfrutábamos viendo pasar la vida… Esa misma que brota ahora de sus textos, de este *Me alegro tanto de verte* que firma y en el que la reconozco tanto.

Hemos pasado muchas aventuras juntas, y sucediera lo que sucediera, allí siempre estaba ella, dispuesta a encontrar algo nuevo, con un talento y una habilidad genuina.

En *Me alegro tanto de verte*, obra que parece escrita con el vigor y la vitalidad de un solo impulso, Susana crea a dos personajes, dos mujeres que se encuentran, se confunden y no lo reconocen… no se reconocen, aunque sean inconfundibles… Y entran en un juego verbal en el que buscar a la otra es encontrarse a una misma.

Ellas, tan actuales y maravillosamente imperfectas y combativas, son mujeres identificables en las ciudades en las que vivimos, mujeres llenas de soledad que mueven cucharillas de café, mientras excavan túneles y posiblemente agitan ligeramente la pierna en un tic continuo e incontrolable.

Y todo esto escrito con la ligereza que caracteriza a Susana, pero también con una mirada muy personal y siempre insistente en un universo femenino del que forma parte y bandera.

La acción y la palabra inherente, pequeña, íntima pero universal, también la caracteriza… El trazo sencillo y mágico…, la ambigüedad, el subtexto…: parece que no, se dice que no..., pero es más sí que nunca.

El juego verbal de Susana tiene una clara base naturalista, pero con geniales puntos absurdos que rozan lo inesperado.

Con este texto y en este momento que estamos viviendo en el que empieza, por suerte, a ser imprescindible hablar de mujeres, ella nos aproxima al universo íntimo y divertido de estas dos mujeres sin nombre que, al no tenerlo, hace que tengan los nombres de todas. Crea una mirilla en la que el espectador se puede camuflar para no ser visto y así formar parte de ellas, de sus soledades y de su insistente deseo de ser vistas.

Con ellas, Susana juega a un baile de máscaras, así se esconden en lo que ven y dejan ver a la otra, en lo que son por un instante y lo que se dejan ser sin darse cuenta.

Hay también una disección interesante alrededor de la identidad. ¿Esta es solo un conjunto de rasgos propios de un individuo o también una posibilidad alternante en la necesidad de quien mira?

Vuelvo a recordar ese piso en Vallecas, su casa, pero que ella hizo que fuera casa de todos y de todas. ¡Cuánto nos reímos! ¡Cuánto disfrutamos!

Desde entonces, muchas cosas han cambiado, pero otras las veo nacer en cada diálogo de este texto lleno de acción, hospitalidad, sorpresas y compromiso; sin evitar ese pequeño abismo interior o esa insatisfacción que se convierte en trama y se cura con la risa.

Susana ofrece lo que se espera de una mujer con la sabiduría y experiencia suficiente como para gozar en libertad del placer de escribir.

Gracias, Susana, por todo… y por *Me alegro tanto de verte*, también…

Inma Nieto
Actriz

Nota de la autora

A veces, se siente el impulso de contar a un desconocido lo que no se cuenta a nadie, lo que no nos confesamos a nosotros mismos.

En cierta ocasión, por la calle, reconocí –o eso me pareció a mí– a una amiga. Hice el gesto de saludarla con entusiasmo, pues lo cierto era que hacía mucho que no la veía y me hizo ilusión encontrarme con ella. A medida que nos acercábamos, su expresión de extrañeza y la evidencia cada vez más cierta de que me había equivocado de persona hicieron que la cara de alegría se me petrificara, igual que el conato de abrazo. Menos mal que no voceé algo como: «¡Ey!, ¡cuánto tiempo!», que hiciera que se volvieran a mirarme los demás ocupantes de la acera. Me sentí bastante tonta y ridícula, sobre todo cuando al cruzarnos ella me miró como si se hubiera topado con una loca peligrosa, mientras que yo no sabía si actuar como si no hubiera pasado nada, seguir saludando a alguien en la lejanía para disimular o explicarle lo ocurrido, a riesgo de parecer todavía más tonta.

Había una cuarta opción, seguir adelante con el saludo y mantener el tipo, que fuera ella la que reaccionara. Esto me lo planteé luego, pasadas unas horas y pensando en la

situación tan poco airosa en la que me había metido, como opción absurda, aunque probable, que podía resolverse con un cortés: «A usted no la conozco de nada», un no tan cortés insulto o similar, o bien se abría una posibilidad dramática: dos desconocidas se descubren de manera forzada, ninguna quiere delatarse ante la otra, y eso las lleva a compartir lo que nunca han confiado a nadie y a descubrir sentimientos que no sabían que tenían. La idea me rondó semanas en la cabeza, después empezó a fluir de manera natural en forma de diálogo, de juego teatral.

El público no sabrá cómo se llaman, no importa. Son dos soledades anónimas que se encuentran de casualidad.

Personajes

M<small>UJER</small> A
M<small>UJER</small> B

2

En un lado un banco y centrada una mesa de terraza de un kiosco con dos sillas. Es una tarde de primavera cálida.

Durante toda la acción, las dos mujeres se levantan o se sientan en las sillas del kiosco y el banco según las lleve la conversación.

MUJER A está en el banco sentada. Tiene un libro abierto entre las manos, pero no lo lee, está mirando sin ver al otro lado del escenario, abstraída en sus pensamientos. Entra MUJER B. Al ver a MUJER A se para, sonríe y le hace un expresivo gesto de saludo. Con sorpresa, MUJER A reacciona y la saluda a su vez. Al ver su entusiasmo, se levanta y va a su encuentro. A medida que se acercan, MUJER B se da cuenta de su equivocación, no conoce a MUJER A, pero, como la ha saludado, le entra la duda, se agobia y decide seguir con el saludo e inminente encuentro. MUJER A no reconoce a MUJER B, pero piensa que, si le sonríe con tanta expresividad, debe conocerla.

MUJER B   *(Intenta parecer alegre y asombrada.)* ¡Hola!

MUJER A   *(Ante el saludo, se convence de que la conoce.)* ¡Hola! *(Silencio.)* ¿Te acuerdas de mí?

MUJER B   Eh, pero cómo no. ¿Tú me reconoces?

MUJER A   Vamos, eres inconfundible.

MUJER B   Pero dame un abrazo, que estamos como pasmarotes.

MUJER A   Sí, sí, qué tontas.

(Se van acercando con sonrisas y gestos forzados, se dan dos besos incómodos. Al cruzar las caras, cuando no se ven, las dos articulan sin palabras.)

MUJER A
/MUJER B   ¿Pero quién coño es esta?

(Se separan y contemplan por unos segundos.)

MUJER B   ¡Qué sorpresa! Aquí, en el parque, eh, qué bueno.

MUJER A   Sí, sí, qué casualidad.

MUJER B   Porque tú… ¿vivías ya por aquí… entonces?

MUJER A   No, no, y tampoco vivo ahora.

MUJER B   Ah. Yo tampoco. Quiero decir que no vivía aquí ni antes ni ahora.

MUJER A   Entonces sí que es casualidad.

MUJER B   Debía estar escrito.

          (Ríe.)

MUJER A   Ya…

          (Se miran con un silencio incómodo.)

MUJER B   Estás estupenda.

MUJER A   Gracias, tú también estás fenomenal.

MUJER B   Me cuido mucho. Ya sabes tratamientos, algún *spa*, *gym*…

MUJER A   *¿Gym?*

MUJER B   Gimnasio. Que voy al gimnasio. Pero sin exagerar, eh, que todo exceso es malo.

          (Ríe.)

MUJER A   Sí, sí, no hay que exagerar.

MUJER B   Exagerar es lo peor, ja, ja, ja.

          *(*MUJER B *se queda cortada al ver la cara de desconcierto de* MUJER A. *Silencio.)*

MUJER A   Hacía muchísimo que no nos veíamos.

MUJER B   Ya te digo, una eternidad.

(Se miran con asombro forzado.)

MUJER A   Desde… *(Hace un gesto de lejanía con la mano.)*

MUJER B   ¡Por lo menos!

(Se miran algo pasmadas.)

MUJER A   Déjame que te vea. *(La observa de manera ostensible de arriba abajo.)* Qué buen aspecto tienes, tan joven.

MUJER B   Pues como tú, querida. *(La mira a su vez con la misma afectación que ha mostrado* MUJER A.*)* No has cambiado nada.

MUJER A   *(Muy asombrada.)* ¿En serio?

MUJER B   Sí, sí, yo soy muy buena fisonomista.

MUJER A   *(Forzada.)* Ja, ja, ja, me dejas de piedra, pero, gracias. De todas maneras, ¿te puedes creer que casi no te reconozco? Es que ni tu nombre me venía a la cabeza…

MUJER B   ¡Qué gansa! Mi nombre, pues como a mí con el tuyo, que nada más verte dije, mira ahí está…

MUJER A   … y ahí estaba.

(Ríe forzada.)

MUJER B   (*Ríe igual de forzada.*) Ja, ja… Sí, a mí me ha
           pasado lo mismo.

MUJER A   ¿Te ha pasado lo mismo? Pero no dices que
           eres buena fisonomista y que me has recono-
           cido.

MUJER B   Y lo soy, lo soy, quiero decir que te he recono-
           cido, pero que como pasa el tiempo, pues no
           se reconocen las caras como eran antes, sino
           como son ahora… Quiero decir que el tiem-
           po nos cambia, pero no tanto como para cam-
           biarnos del todo, que siempre queda algo…
           ¿Me entiendes?

MUJER A   Creo que no, o bueno, algo, sí.

           (*Ríen a la vez de manera exagerada,* MUJER B *le
           da unos toquecitos a* MUJER A *en el brazo, se
           quedan cortadas.*)

MUJER B   Qué pequeño es el mundo.

MUJER A   O grande, si hace tanto que no nos vemos.

MUJER B   Eso, qué graciosa has sido siempre. Cómo pasa
           el tiempo. Ya ni recuerdo la última vez que es-
           tuvimos juntas.

MUJER A   Pues sería hace unos cuantos años.

MUJER B   Por lo menos… ¿diez?

MUJER A   O más.

MUJER B   O más o menos.

    (Ríe.)

MUJER A   No, que me tengo que acordar. Tiene que ser…, la última vez fue en… ¿la facultad?

MUJER B   ¿La facultad?

MUJER A   Sí, en la universidad, ¿no?

MUJER B   *(Aliviada.)* ¡Ah, sí! En la Complu. Ya me estaba volviendo loca, es de la Complu que nos conocemos, claro, desde entonces…

MUJER A   *(Despistada.)* ¿La Complu?

MUJER B   La Complutense, en Madrid. ¿Derecho?

MUJER A   Salamanca. Empresariales.

    (Se quedan mirándose de nuevo.)

MUJER B   Es extraño, te ubicaba allí. No sé, algún congreso, un posgrado…

MUJER A   Quizá es por el máster, lo hice en la Complutense.

MUJER B   ¡Eso, el máster! Por supuesto. Compañeras de máster.

MUJER A   Administración y Dirección de Empresas/

MUJER B   Derecho Internacional. (*Silencio. Se miran fijamente.*) ¡Menudas fiestas, la Complu!

MUJER A   Como para olvidarse de ellas. Impresionantes.

MUJER B   No me perdía ni una, bueno, ja, ja, no nos perdíamos ni una, que de ahí nos viene la amistad, ¿eh?

MUJER A   Sí, por supuesto, de dónde si no.

MUJER B   ¡Qué bien lo pasamos, menuda panda!

MUJER A   Claro, sí, menuda panda.

MUJER B   Qué jóvenes éramos. Qué desfases, aquello eran fiestas. Yo, desde luego, no me lo he vuelto a pasar como entonces. No sé cómo no nos echaron del máster, por lo menos a mí, que faltaba un día sí y otro también, como tú. Éramos de las fijas en todos los saraos…

           (*Calla al ver la cara de* MUJER A.)

MUJER A   Bueno, yo alguna sí que me perdía. No podía hacer mucho el tonto al tener beca, ya sabes.

MUJER B   (*Recula su entusiasmo.*) Claro, claro, y yo, yo también, también, sí, también me perdía muchas. Estudiar y todo eso. Lo primero el estudio. Siempre. (*Silencio.*) Y el viaje de fin de curso, fue de lo mejor. Fuimos unos cuantos, lo menos treinta o así.

MUJER A   Sí, lo pasamos genial, el viaje a…

MUJER B   … Italia…

MUJER A   ¡Italia! (*Aliviada.*) Sí, qué bonito todo. Venecia, Florencia…

MUJER B   Roma…

MUJER A   Roma es preciosa. No he vuelto.

MUJER B   Yo sí. La encontré muy cambiada. Un asco, llena de turistas.

MUJER A   A lo mejor las cambiadas somos nosotras.

MUJER B   Pues también. Qué sabia sigues siendo. Siempre me gustó compartir cosas contigo.

MUJER A   Eh… Y a mí también contigo.

(*Silencio.*)

MUJER B   Y esas comidas… y los ligues italianos. Madre mía. «¡Iré a verte, *bambina*!». ¿Te imaginas que se presentara en casa un maromo italiano, ja, ja. A mi padre le da un ataque.

MUJER A   Yo recuerdo más las ruinas, los museos…

MUJER B   Y yo, y yo, qué cultura la italiana, con sus es-
           tatuas, sus cuadros, sus cosas… (*Silencio.*) Qué
           suerte encontrarnos después de tantos años.
           A veces se conjugan los astros.

MUJER A   No creo mucho yo en eso de los astros.

MUJER B   Es una manera de hablar, es como nombrar al
           destino.

MUJER A   Ya, si te entiendo. Pero es que a mí esas cosas
           de las casualidades cósmicas no me van nada.

MUJER B   Ya, ya, me acuerdo.

MUJER A   ¿Te acuerdas? ¿De qué te acuerdas?

MUJER B   De que eras descreída, o poco supersticiosa,
           si quieres decirlo así, racional. Llámalo como
           quieras. Yo siempre he sido más sensitiva.

MUJER A   No sé a qué te refieres.

MUJER B   Sí, sensitiva de sentir, de intuir cosas. Quizá
           por eso nos llevábamos bien, por lo distintas
           que somos. Los extremos se atraen.

MUJER A   Quizá. (*Silencio.*) Y ¿qué ha sido de tu vida?

MUJER B   Pues nada del otro mundo, saqué la carrera.
           Luego mi padre se empeñó en que debía ha-
           cer el máster, aunque no tenía ningunas ganas.
           Pero eso ya lo sabes tú. (*Espera una respuesta*

de Mujer A *que no llega.*) Nunca he podido negarle nada a mi padre. Después, enseguida empecé a trabajar en un bufete, un aburrimiento. Y no llevaba tres meses allí cuando me casé con Juampe… Llevábamos de novios cuatro años, así que era lo que tocaba. Te acuerdas de Juampe, ¿no?

Mujer A   Eh… Sí, sí, claro, ¡el famoso Juampe!, ¡un punto el Juampe!

Mujer B   Ya, un punto gilipollas.

Mujer A   Oh. Ya… Esto… Bueno, sí, un poco gilipollas sí que era, es, quiero decir. Si tú lo dices.

Mujer B   Era.

Mujer A   ¡Murió! Lo siento muchísimo.

Mujer B   Ja, ja. Qué graciosa. Qué va a morir. Me divorcié al año. Pero, oye, has acertado, para mí como si estuviera muerto. Ja, ja. Has dado en el clavo, ja, ja, el clavo de la caja…, ¿lo coges?, como para mí está muerto…

Mujer A   Lo cojo, lo cojo, un poco macabro, pero… Entonces, enhorabuena, supongo.

Mujer B   Ja, ja, ja, te pareceré una loca. Pero de verdad que no lo estoy, ja, ja. Soy sensitiva, como ya sabes, a veces la gente lo malinterpreta. Cuando estudiábamos, ¿a que pensabas que estaba loca?

MUJER A   No, mujer, qué va.

MUJER B   Que sí, lo pensabais todos, pero me da igual. Y aunque no lo parezca, he madurado. Yo soy mucho de madurar y estoy muy a favor del crecimiento personal.

MUJER A   Se nota, se nota.

MUJER B   A que sí. Estoy muy orgullosa de mis progresos en ese campo.

MUJER A   En el campo del crecimiento personal.

MUJER B   Exacto. Ves, siempre nos hemos entendido de maravilla. Y ahora tú, ponme al día. Estas monísima. (MUJER B *está lanzada y se arriesga, va a por todas.*) Como siempre, que eras una monada, te lo digo yo. Y qué estilo. Habrás tenido muchos novios, ¿marido?, ¿maridos?, ja, ja.

MUJER A   (*Descolocada.*) No, no. Ni novio ni maridos porque soy… Es igual. De todas maneras, ¿no recuerdas? En Venecia me ponía al lado de las máscaras y hacíais bromas sobre mi perfil y que si encajaba en esas narizotas o que si no las compraba era porque ya la llevaba de serie, y yo hacía ver que me hacía gracia… ¿De verdad no lo recuerdas? Si en la facultad era supertímida, no me gustaba nada mi cara, estaba muy acomplejada. Cuando empecé a trabajar, mis primeros sueldos los invertí en cirugía estética. Me cambié la nariz y la barbilla, que tenía un gancho y un cazo más que nariz y barbilla… (*Pausa.*) ¿De verdad me veías «monísima» entonces?

MUJER B   (*Aparte.*) Hostia, por eso no la reconocí. Aunque ahora tampoco sé quien es. (*Cortada.*) Sí, es que de jóvenes todas somos guapas, ¿no?… Juventud y belleza es como un todo natural… Y, además, te dejaron muy bien.

MUJER A   Estoy algo cambiada. La verdad, me extraña que me hayas reconocido.

MUJER B   Mujer, cómo no te iba a reconocer.

MUJER A   Es lo que acabas de decir.

MUJER B   Que no, que no, que sí que te he reconocido. ¿O no me has reconocido tú a mí después de tantos años?

MUJER A   Cómo no te iba a reconocer, si estás igual.

MUJER B   (*Coge a* MUJER A *de las manos.*) Pues eso, las amigas se reconocen a pesar del tiempo y los cambios. Además, por mucho que una se opere siempre queda la mirada, la expresión, un aire.

MUJER A   Será eso.

(*Silencio.*)

MUJER B — Esto hay que celebrarlo. Mira ahí hay una terracita. Vamos a sentarnos y a tomar unos vinitos o, por la hora, casi un *gin-tonic*.

MUJER A — Eh, sí, bueno. (*Mira el reloj.*) Supongo que tengo algo de tiempo.

MUJER B — Que sí, mujer. Encuentros así no se dan todos los días. Tenemos mucho de que hablar para ponernos al día.

MUJER A — Eso sí, que parecemos dos desconocidas.

(*Mira a* MUJER B *inquisitiva. Se sientan en las sillas y se colocan cómodas ante la mesa.*)

MUJER B — Quita, quita. Desconocidas dices, qué exagerada. (*Se vuelve, agobiada por la situación.*) ¡Camarero! ¡Por favor, camarero! Espera, está distraído, voy a la barra. ¿Qué quieres?

MUJER A — Un té negro, sin leche.

MUJER B — Ah, sí, bien.

MUJER A — Pero tú tómate un vino, por mí no te cortes.

MUJER B — No, si es algo tarde, quiero decir, pronto para andar de copas. Tomaré un café. Vale, ahora vengo. (*Se va murmurando.*) Todavía quedo como una borracha con una tía que no tengo ni puta idea de quién es, hay que joderse.

(Sale Mujer B *de escena.* Mujer A *se da cuenta de que* Mujer B *se ha dejado el bolso colgado de la silla. Duda. Lo coge deprisa y con disimulo. Lo abre y revuelve. Saca la cartera y la deja en la mesa.)*

Mujer A   Pues ni puta idea. ¿Quién coño será esta tía? Tanta alegría al verme, tanta familiaridad. Es que tenemos que conocernos, nadie saluda así si no te conoce. Por otra parte, las coincidencias están cogidas por los pelos… No sé, no me suena de nada. Pero ella parece superfeliz de verme. Qué mal rollo. Mira que si está de verdad loca. O es una ladrona y todo esto es una estrategia para darme un palo. Joder, qué agobio. *(Saca un pastillero, lo abre, examina y cuenta las pastillas, lo cierra y lo devuelve al bolso. Saca una ristra de preservativos.)* ¡Hostia! Pues es más enrollada de lo que pensaba. Pastillera y folladora. A ver la cartera. Visa oro, otras tres tarjetas, ¡tres billetes de cincuenta! Está forrada. No hay fotos antiguas, mierda. Aquí hay una, debe ser su padre, no creo que sea de su ex. Menudo tipo, qué pintas. A ver el DNI. *(Lo mira con atención intentando hacer memoria.)* No me suena de nada. *(Murmura el nombre para ella varias veces sin que se la entienda.)* Apellido compuesto, con guion y todo…, seguro que una pija con servicio en casa podrida de pasta que ni siquiera iba por clase. En la cafetería o haciendo la pelota por los departamentos, a eso se dedicaría. Por eso no me acuerdo. Pero quién me manda meterme en estos *fregaos*. Si es que parezco gilipollas.

(*Mira hacia donde ha salido* MUJER B. *Guarda de nuevo todo en el bolso y lo vuelve a dejar en la silla. Entra* MUJER B *en escena, despacio, mirando las tazas, la tetera, un servilletero, un platito con dos galletas y dos vasos de agua que bailan en una bandejita, con cuidado para que no se caiga el líquido. Coloca la bandeja y se sienta, mira el bolso, que está puesto de una manera ostensiblemente distinta a cuando lo dejó, y luego a* MUJER A, *que disimula, concentrada en las tazas y la tetera.*)

MUJER B   Te puedes creer que no sirven en la terraza. Luego dicen que si la hostelería no tira, que si tal… Menudo servicio, si una lo tiene que hacer todo, ya me dirás… Si quisiera autoservicio me iría a un McDonald's, que ya está bien esta tomadura de pelo… Y ponen unas miserables galletitas de lata del supermercado para disimular, como si una fuera tonta y no se diera cuenta de… (*Mira a* MUJER A, *que la observa con cara de circunstancias. Se queda cortada.*) Tu té y un descafeinado para mí. A estas horas, si no es descafeinado no duermo.

MUJER A   (*Aparte. Hace ver que coloca la taza, se concentra en la tetera.*) Ya, pues pídete un *gin-tonic*, seguro que con eso duermes.

MUJER B   (*Aparte. Mientras, manifiestamente de espaldas, coloca el bolso en su sitio.*) La tía, qué manera de censurar, no se puede decir ni hacer nada, qué gilipollas.

(*Se sienta enfrente de* MUJER A.)

MUJER A   Ya, no como antes, qué tiempos. Aguantábamos lo que fuera.

MUJER B   Sí, qué tiempos. Nos hemos vuelto formales. En la medida de lo posible, ja, ja, ja… No, sí, formales, formales.

(*Callan. Soplan en las tazas. Dan pequeños sorbitos. Se examinan con disimulo.*)

MUJER A   Calentito.

MUJER B   Sí, el mío también.

(*Pausa incómoda. Miradas a todas partes menos entre ellas.*)

MUJER A   Qué sitio tan agradable.

MUJER B   ¿Vienes mucho por aquí?

MUJER A   Para nada. Es la primera vez. ¿Y tú?

MUJER B   Tampoco vengo por este barrio. Creo que es la segunda o tercera vez. He venido a ver una tienda de decoración que me habían recomendado,

pero no vale la pena. Me he dado un paseo
para nada.

MUJER A   Pues ya es casualidad.

MUJER B   La verdad es que sí, he perdido el tiempo.

MUJER A   No, digo que es casualidad lo de encontrarnos.

MUJER B   Ah, claro. Sí que lo es, sí. (*Silencio. Remueven
las tazas a la vez.*) Pues como te digo, te veo
estupenda. Es que yo estoy muy a favor de la
cirugía estética.

MUJER A   ¿Cómo?

MUJER B   Que me parece muy bien que te hicieras la cirugía estética.

MUJER A   Vaya, me alegro de que te parezca bien.

MUJER B   Que uno no se encuentra bien consigo mismo, pues que se cambie. El caso es que sea
feliz. ¿Que te quitas papada u ojeras y a triun-
far? Pues no te prives, chica.

MUJER A   A veces es más que eso. Es algo complicado.
Hay personas que de verdad lo pasan mal con
su físico, que están acomplejadas. Para ellas
tiene otras connotaciones y no es solo un tema
estético.

MUJER B   Pues eso es lo que digo. Que la gente sea feliz.

MUJER A   Eso es simplificar mucho.

MUJER B   ¿Tú eres más feliz así que antes?

MUJER A   Creo que sí.

MUJER B   Pues ya está. Tú misma eres tu propia prueba. No se puede discutir más.

MUJER A   Tampoco estamos discutiendo.

MUJER B   (*Cariñosa.*) Ya lo sé, boba. El caso es que has mejorado mucho. Te lo digo con todo el cariño y sinceridad.

MUJER A   Ni que antes fuera un adefesio.

MUJER B   No, mujer. Lo que digo es lo de antes, que no estabas contenta con tu aspecto, te lo has cambiado y eres más feliz. Eso es la libertad. Yo estoy muy a favor de la libertad personal de cada uno. Te lo digo como lo siento.

MUJER A   La libertad es algo más amplio.

MUJER B   Claro, claro, pero si tienes un buen aspecto y estás contenta con él, no me negarás que se te abren las puertas, tienes más oportunidades y te va mejor en la vida.

MUJER A   Quiero pensar que no todo se reduce a eso. Desde luego, la libertad es un concepto…

MUJER B   Calla, por favor, tanta filosofía. La libertad es la opción de que quien puede permitirse tener la cara que quiera, se la ponga, y eso te lo da el dinero. Ja, ja, ja. Si no tienes un duro, ya me dirás, ni cirugía, ni tratamientos de bótox ni de nada. Ja, ja, ja. Conclusión, sin dinero no hay libertad.

MUJER A   Pues qué conclusión más triste y materialista.

MUJER B   Realista, querida, realista.

MUJER A   No estoy de acuerdo. La vida no se reduce a: «eres feliz si tienes dinero e infeliz si no lo tienes».

MUJER B   Pues ya me dirás tú lo felices que son los pobres. Y no me vengas con que los ricos también lloran, porque lloran por otras cosas, no por no tener para comer. Igual lloran porque no les ha quedado bien la operación para quitarse la celulitis. Así que no es comparable.

MUJER A   Estás muy convencida.

MUJER B   Porque tengo razón.

           (*Muy decidida, coge una galletita, la mordisquea y mira a* MUJER A *satisfecha.*)

MUJER A   ¿Te has hecho algo tú?

MUJER B   ¿Algo de qué?

MUJER A   De cirugía.

MUJER B   Quita, quita, ni muerta me hago nada.

MUJER A   ¿Pero no dices que estás a favor?

MUJER B   Claro, por eso no te critico por cambiarte la cara.

MUJER A   *(Sarcástica.)* Gracias.

MUJER B   *(Sincera.)* De nada.

            (Silencio.)

MUJER A   ¿Ni siquiera te retocarías las tetas?

MUJER B   ¿Qué les pasa a mis tetas?

MUJER A   Nada. Supongo. Pero si en el futuro se te caen, que se te caerán, igual quieres hacerte un arreglillo.

MUJER B   *(Ríe.)* ¡Qué va!

MUJER A   ¿Aunque se conviertan en pimientos morrones?

MUJER B   *(Sigue riendo.)* Qué cosas dices.

MUJER A   O hacerte un rejuvenecimiento de vagina.

MUJER B   *(Se le corta la risa.)* ¿El qué? ¿Eso existe? ¿Desde cuándo la vagina se hace vieja?

MUJER A   *(Es ella ahora la que se ríe ante la cara de pasmo de la* MUJER B*.)* Desde que el mundo es mundo, o es que solo se va a hacer vieja de unos años para acá. Envejece todo el cuerpo, y cuando es todo, es todo, o pensabas que eso se quedaba siempre tal cual.

MUJER B   No tenía ni idea. Bueno, es que no me lo había ni planteado. No me hace ninguna gracia ir por ahí con una vagina vieja y las tetas colgando.

              (Se vuelve a reír.)

MUJER A   No me digas que entonces no te lo piensas. Tú, que eres tan de estar a favor y esas cosas.

MUJER B   Mira, sí. *(Se seca las lágrimas.)* Igual me lo pienso.

MUJER A   Pues te puedo recomendar a mi cirujano.

MUJER B   Te tomo la palabra. *(Pasean la vista por el parque. Se repantinga en la silla.)* Hace un tiempo estupendo. Qué buena tarde para reencontrarnos.

MUJER A   *(Se envalentona y se arriesga.)* Tienes razón, con todo lo que vivimos juntas.

MUJER B   Y tanto que vivimos. Éramos la monda, cómo nos lo pasamos.

MUJER A   Ay, sí.

MUJER B   Siempre detrás de los tíos.

MUJER A   De los tíos.

MUJER B   ¡Qué aventuras!

MUJER A   ¿De los tíos?

MUJER B   (*Duda.*) ¿No íbamos detrás de los tíos?

MUJER A   Desde luego, juntas, no.

MUJER B   No entiendo.

MUJER A   ¿Pero no sabes de qué te estoy hablando?

MUJER B   No.

MUJER A   Soy lesbiana.

MUJER B   (*Se aparta de manera instintiva.*) ¡Ah!

MUJER A   ¿No lo recuerdas? No lo escondía precisamente.

MUJER B   Sí, sí, ja, ja, ja, te estaba tomando el pelo, era nuestra broma particular… ¡Nuestra broma! Tú decías que eras lesbiana, yo me hacía la sorprendida…

MUJER A   Ah, sí, nuestra broma. (*Molesta.*) Qué juerga, tú.

MUJER B   Sí, je, je, la broma, pero, como hace mucho, igual no te acuerdas.

MUJER A   Pues no me acuerdo, la verdad. Y no me extraña. Ya en el instituto tenía que soportar comentarios estúpidos. Ninguna chica se acercaba y los chicos eran crueles. En la universidad tampoco fue fácil. Los tíos soltaban risitas desagradables y las tías me mirabais como si fuera una tarada. Así que igual no me acuerdo porque no quiero volver a esos años horribles. Igual no me acuerdo porque no quiero acordarme. Ser lesbiana y fea no era precisamente algo que me hiciera muy feliz entonces.

MUJER B   Lo siento, no sabía que te sintieras así.

MUJER A   Y los comentarios y las bromitas.

MUJER B   Mujer, yo no te miraba de esa manera ni te trataba mal.

MUJER A   Seguro que sí. Lo que pasa que no vas a admitirlo ahora. Y os apartabais como has hecho hace un momento.

MUJER B   ¿Qué dices? No, no, ha sido tu impresión. (*Coge a* MUJER A *de las manos y la mira a los ojos.*) Yo siento por la gente que no es normal mucho respeto.

MUJER A   ¿Perdona?

MUJER B   Pues eso, que yo soy muy abierta. Abierta de mente, ja, ja, entiéndeme, que la gente como tú lo lleva todo al mismo sitio, que sois muy tiquismiquis y os ofendéis por todo y por nada. Ja, ja. Además, ahora todo el mundo se une a la moda de lo gay. Ayer lo vi en una cafetería, ponía: «Local *gayfriendly*». Me hizo mucha gracia, ja, ja. Mira por dónde, como soy tu amiga, yo también soy *gayfriendly*. ¿No te parece gracioso?

MUJER A   (*Muy seria.*) Tronchante.

MUJER B   Oye, no te pongas tan estupenda ni ofendida, que yo tengo muchos amigos homosexuales.

MUJER A   No me digas.

MUJER B   Sí, sí, ya te digo que tengo la mente muy abierta; que, como te he dicho, últimamente por cualquier cosa que se diga que no va a ninguna parte todos se ofenden y empiezan que si facha, que si…

MUJER A   (*La corta hastiada.*) Ya, ya, que te he entendido.

           (*Silencio.*)

MUJER B   ¡Eh!, no te enfades, ¡eh! Con lo contentas que estábamos con este reencuentro. Por los viejos tiempos, venga.

(Coge su taza e invita a MUJER A *a chocar con ella.* MUJER A *la imita con desgana.)*

MUJER A   Por los viejos tiempos.

MUJER B   Bien, bien. Venga, cuéntame tú. ¿Tienes pareja? ¿Estás casada? Como las lesbianas os podéis casar y eso, que oye, yo, a favor. Que es un matrimonio o es un lo que sea, como quiera que lo llaméis, yo, a favor. Además para lo de tener hijos no tenéis problemas, no como los tíos que… ¡Oye! igual hasta tienes hijos y todo.

MUJER A   A lo primero, no, no me he casado, y a lo segundo, sí, sí tengo un hijo.

MUJER B   ¡No me digas!

MUJER A   Sí, tiene seis años, se llama Adrián. Es un amor.

MUJER B   ¿Y dónde está ahora?

MUJER A   En un cumpleaños de un amigo de su clase, cerca de aquí. Tengo que pasar en unas dos horas a recogerlo.

MUJER B   Un chico, ya es casualidad. Se te hará raro.

MUJER A   El qué.

MUJER B   Tener un chico, como las lesbianas odiáis a los hombres…

MUJER A   ¿De dónde sacas que las lesbianas odiamos a los hombres?

MUJER B   Mujer, es un decir.

MUJER A   Es un decir o lo dices.

MUJER B   *(Duda.)* Ahora no sé qué decir.

MUJER A   Di lo que tengas que decir.

MUJER B   Yo… Es que no se me ocurre nada.

MUJER A   O lo dices o no lo dices.

MUJER B   ¡Pero si yo no digo nada!

MUJER A   Sí, dices que las lesbianas odiamos a los hombres.

MUJER B   ¿Y no es verdad?

MUJER A   ¿Pero qué te pasa? Habrá de todo, digo yo, pero es que estoy harta de tanta ignorancia.

MUJER B   Perdona, oye, tampoco hay que ponerse así, si no se sabe algo, pues no se sabe, tampoco me he puesto a investigar el tema, ni que fuera algo que me preocupara.

MUJER A   Suele pasar. Todo son ideas preconcebidas, tonterías comunes sin fundamento. Ignorancia. Es que me pongo mala.

(Silencio.)

MUJER B   Mira que tengo paciencia, pero me estás llamando a la cara cosas muy feas, a ver si me lo voy a tomar a mal…

MUJER A   *(La interrumpe.)* ¡Y que conste que adoro a mi hijo!

MUJER B   Por supuesto. No lo pongo en duda.

MUJER A   Solo faltaría. *(Silencio. Pone cara de hacer memoria.)* De todas maneras, ahora que recuerdo, me parece que no éramos tan amigas.

MUJER B   No te entiendo.

MUJER A   Pues que si hubiésemos sido tan amigas como dices, me conocerías mejor y no me habrías hablado así.

MUJER B   No, no, es que, bueno, yo no tengo hijos. No tengo pareja ni familia y que la tengas tú y yo no, pues no sé, me asombra, no es…

MUJER A   ¿Normal?

MUJER B   De acuerdo, no debí decir eso.

MUJER A   No debiste pensar eso.

MUJER B   Lo que tú digas. (*Intenta ser graciosa.*) Pero no te me pongas de lesbiana reivindicativa brasas, ¿eh?

MUJER A   (*Le sigue el juego.*) Ni tú de heterosexual homófoba integrista, ¿vale? (*Ríen falsas.*) ¿Me guardas el bolso? Voy un momento al servicio.

MUJER B   Claro. (MUJER A *sale.* MUJER B *se la queda mirando. Coge el bolso de* MUJER A *y abre la cremallera. Revuelve. Saca unos pañuelos de papel, un neceser, lo abre y examina el contenido. Saca la cartera. Revisa las tarjetas, por su cara, todas le parecen vulgares y de pobretona, saca el DNI.*) Ni idea. (*Sigue revolviendo en la cartera. Mira los recibos, cuenta el dinero.*) Ni una puta pista. Y encima está pelada. ¿Quién sale de casa con dos billetes de cinco euros? Todavía la tengo que invitar a la mierda de té que se ha pedido. Y todas esas tarjetas de supermercados, qué horror. A ver el DNI. (*Murmura el nombre para ella varias veces sin que se la entienda.*) Apellido vulgar, se le nota la falta de clase. Seguro que era una becada que ni aparecía por la facultad, manifestándose todos los día con los fulares esos indios tan horribles al cuello. Por eso no me acuerdo. (*Saca una foto.*) ¡Joder! Esta debía ser de joven, pues sí que era fea, la Virgen, parece la madrastra de Blancanieves. Como para reconocerla. Claro que tampoco sé quién es esta tía de la foto. Qué mal, quién me mandaría saludar a lo tonto… Pero el caso es que me sigue la corriente, y coinciden algunas cosas, tiene que conocerme, seguro. ¿No querrá ligar conmigo? ¡Por eso lo de las tetas y la vagina! Que no venía a cuento de nada y se lo sacó de la manga. Será guarra, he caído en una trampa de lesbianas. Voy a empezar a hiperventilar. *(Hace unos ejercicios de respiración. Coge una servilleta y se seca la frente.)* Uf, a ver, serenidad, sensibilidad… Por otra parte, parece maja y es simpática. ¿Y si nos conocemos de verdad? ¡Joder, qué lío!

(Guarda la cartera en el bolso deprisa. Disimula, coge el vaso, saluda con entusiasmo a Mujer A, *que entra en escena y la mira intrigada. Mujer A se sienta y comprueba que el bolso tiene la cremallera abierta. La cierra. Mira a* Mujer B, *que le sonríe con una alegría y sinceridad excesivas, blandiendo su galletita y saboreándola sin ton ni son.)*

Mujer A   Entonces, no te fue muy bien con…

Mujer B   Juampe.

Mujer A   Eso, Juampe. Lo siento.

Mujer B   No, si no me importa. Desde hace mucho que no me importa. Cuando nos divorciamos fue un escándalo, ya sabes, papá sigue sin asumirlo y cree que es cuestión de tiempo que volvamos a estar juntos. Es una pesadez. Y, por supuesto, la culpa es mía. Es un machista, así que la culpa nunca es del hombre, siempre de la mujer. Supongo que acabará acostumbrándose.

MUJER A   ¿Tu marido o tu padre?

MUJER B   Mi padre. A mi exmarido que le den. Además, tiene razón, mi padre, digo, fui yo quien se largó; al mes de casados ya me superaba estar con él, no podía soportarlo.

MUJER A   ¿Tan poco durasteis?

MUJER B   Y mucho me pareció.

MUJER A   ¿Y no te diste cuenta antes de la boda?

MUJER B   Mira, a veces una se casa porque todo te lleva a ello. Que si el novio de toda la vida, la familia, el qué dirán, las cenas en casa de los futuros suegros, el piso montado… Una mierda. Tienes que cumplir con las expectativas de todos, las familias, los amigos, los compañeros de trabajo. Te dejas llevar e incluso tienes ilusión, porque eres joven y tonta, porque has preparado una boda que ni una princesa Disney y no te vas a volver atrás. Pero al día siguiente de la boda, cuando te despiertas al lado de ese tío con el que has estado de novia los mejores años de la vida, que ronca después de una noche memorable solo por lo sosa y aburrida que fue, con las maletas preparadas para el viaje por los fiordos de Noruega, piensas en que lo que has hecho es para toda la vida, que se espera que construyáis juntos un hogar feliz repleto de niños encantadores. Y es en ese momento, justo en ese puto momento, cuando te das cuenta de que te has equivocado. Y de que debes huir lo antes posible. Y eso hice. Me divorcié a los tres meses. Después de la luna de miel, claro, no iba a desaprovechar el viaje a los fiordos, que una cosa es tener una revelación y otra ser tonta. Nadie lo entendió. Juampe nunca me perdonó. (*Pausa.*) En aquel momento, el sufrimiento de los demás me importó poco o nada. En realidad, nada de nada. Fui una niñata inconsciente. Nunca debí dejar que las cosas llegaran a donde llegaron. Mucha gente lo pasó mal, lloraron todo lo que no pude llorar yo, que solo sentía alivio y una alegría salvaje. (*Pausa.*) Me quedé sola. Desde entonces casi no hablo con mi padre, solo para cosas de dinero. Los amigos le dieron la razón a mi ex, todos me dieron la espalda. Dejé de ir al club y a las fiestas, porque me había convertido en una bruja desalmada, descubrí que no tenía amigas, creía que las tenía, pero no. Me tuve que inventar una nueva vida en sociedad, inventar amigos que me querían y admiraban, cambiar de restaurantes, sitios, pero cuando me los encuentro, pongo cara de reina, porque he triunfado, he hecho lo que quería… Uf. Me estoy sintiendo mal. Me estoy mareando. (MUJER A. *se levanta a sostenerla, parece que* MUJER B *se va a caer.*) Dame una servilleta, estoy sudando de repente, qué sudor frío más desagradable. (*Se seca la frente. Saca un espejito del bolso y se arregla.*) No sé por qué te estoy contando estas cosas. No sé por qué después de los años me abro y suelto todo esto. Procuro no pensar en esos meses, en las personas, me hace daño. Cuando aparecen remordimientos me calzo las zapatillas y salgo a correr, o me pongo los cascos con música muy alta. No quiero sufrir. Nunca he hablado de esto, con nadie. Mi padre me quiso llevar al psiquiatra, pobre. Por supuesto, me negué. Fue nuestra última discusión. No me gusta que la gente piense que soy estúpida o que estoy loca.

(*Silencio.*)

MUJER A   Yo no pienso que seas estúpida.

MUJER B   Gracias, pero no puedes decirme otra cosa. Estoy delante. Lo que piensas ya lo sé.

MUJER A   De verdad, no creo que seas estúpida. Eras una chica joven que se vio arrastrada por la costumbre, la sociedad…, todo eso que nos impide hacer lo que queremos en un momento dado y que hace que se tomen sin pensar decisiones que condicionan toda la vida. No eres estúpida, eres valiente. Fuiste valiente para ver y reconocer que te habías equivocado y asumir las consecuencias.

MUJER B   Valiente, puede, pero también mala persona.

MUJER A   Ya, igual lo fuiste, en ese momento, pero tú eres muy del crecimiento personal, ¿no?

MUJER B   Eso sí.

MUJER A   Pues ya está, eso te ha servido de aprendizaje y te has vuelto mejor, más empática.

MUJER B   ¿Tú crees?

MUJER A   Estoy segura.

MUJER B   Eres una buena amiga.

MUJER A   Eh, no, no, tampoco exageremos.

MUJER B   Que sí. En estos años nadie me había dicho nada que me consolara, que comprendiera lo que hice. Necesitaba quitar esta bola que me pesaba en el corazón. Me está haciendo mucho bien hablar contigo. Nunca se lo hubiera dicho a nadie, ni a un psicólogo, ni a un psiquiatra, ni a un cura…, pero a ti sí, me siento tranquila y llena de confianza contigo, siento que te puedo abrir mi corazón…

MUJER A   *(La corta.)* De verdad, no nos pongamos sentimentales.

MUJER B   *(La coge de la mano.)* Amiga. Ojalá hubieras estado a mi lado en esos momentos.

MUJER A   *(Retira la mano con aprensión.)* Ya, ya. Además, tomaste la decisión correcta. Mírate, te ha ido bien en la vida.

MUJER B   *(Se anima.)* Eso sí. No me quejo. *(Se levanta y se coloca la ropa, las joyas, se da una vuelta presumiendo de lo que lleva puesto y de lo bien que le queda. Sonríe, cómplice.)* Fui lista con los gananciales y, a pesar del poco tiempo de casados, no hay nada que se le resista a un buen abogado si le pagas lo suficiente. Entre eso y la herencia de mi padre, que espero recibir en breve… Ja, ja, ja, no pongas esa cara, que no lo voy a matar ni nada de eso. Solo que ya es mayor y no va a vivir para siempre, digo yo. En definitiva, que me puedo permitir una buena vida.

MUJER A   Entonces, no trabajas.

MUJER B   Claro que trabajo. Era tonta, pero no hasta el extremo de dejar de trabajar por un marido. Soy secretaria de dirección en una gran empresa, viajo, organizo reuniones… Trabajo poco y cobro una pasta. Soy feliz.

MUJER A   Eres feliz.

MUJER B   Razonablemente feliz.

MUJER A   El mundo de la empresa es difícil para una mujer.

MUJER B   No te creas, si te haces con una coraza y tienes un manual de respuestas.

MUJER A   ¿Manual de respuestas?

MUJER B   Sí. Tengo un manual. Según sea la situación de comprometida contestas al jefecillo que te acosa o directamente te chantajea si no te vas a la cama con él alguna de estas respuestas: uno, vete a la mierda, dos, tengo la regla, tres, a mí no me importa, pero no sé si en recursos humanos lo entenderán o cuatro, si tu mujer está de acuerdo, por mí vale. Con esta última es con la que tengo más éxito, sobre todo con los que van más de chulitos, se cagan, no soportan que sea la mujer la que les coge la delantera.

MUJER A   (*Ríe.*) Muy bueno. Me lo voy a apuntar para decírselo a unos cuantos babosos.

MUJER B   Y con eso y contactos, a subir en la empresa.

MUJER A   También contactos, claro.

MUJER B   Querida, sin contactos en esta vida no eres nadie. Y en el mundo de la dirección de empresas, menos que nadie.

MUJER A   Pues ese debe ser mi problema.

MUJER B   ¿Cuál?

MUJER A Que tengo mucha dignidad, pero cero contactos.

MUJER B Pero tú trabajas, ¿no?

MUJER A Sí, en una fábrica, en el departamento de relaciones exteriores. Y créeme, no ha sido fácil llegar allí ni moverme en un ambiente de machos alfa.

MUJER B Entonces te ha ido también bien.

MUJER A Digamos que tengo un trabajo que me permite vivir. Bueno, y practicar inglés.

MUJER B Qué interesante. Aunque será difícil compaginar con el niño.

MUJER A A veces sí, es complicado, no te puedes permitir una reducción de jornada, ni faltar si tienes que ir al médico con el niño… Te miran mal, dejan caer lo de que las madres con hijos no son productivas… Al final, prefieres tragar para no tener problemas y conservar el trabajo. En fin, que una se organiza, a costa de lo que sea, porque no hay más remedio. Los colegios dan facilidades, los desayunos, las extraescolares… Se acaba sacando tiempo para todo. No hay más remedio.

MUJER B ¿Y compensa?

MUJER A El qué.

MUJER B   Vivir sacando tiempo para todo menos para ti.

MUJER A   A veces sí.

MUJER B   ¿Y otras?

MUJER A   Otras no lo sé. (MUJER A *se levanta. Se estira la ropa, se frota la cara. De repente está muy cansada. Se acerca a* MUJER B. *Le pone una mano en un hombro, se lo aprieta. Luego vuelve a su sitio.* MUJER B *se estremece, como de frío, como de aprensión.*) ¿Y tú? ¿Has tenido hijos?

MUJER B   No, y menos mal. Un niño necesita un padre y una madre.

MUJER A   Te has enterado de que tengo un hijo sola y de que soy lesbiana, ¿verdad?

MUJER B   Claro, ¿por qué me dices eso?

MUJER A   Por lo que acabas de decir. A qué viene eso de que se necesitan un padre y una madre.

MUJER B   A que es así como estamos diseñados para reproducirnos y educar a los hijos.

MUJER A   ¿Tú crees?

MUJER B   No es creencia, es un hecho constatado.

MUJER A   Y qué me dices de los hijos de las parejas separadas.

MUJER B Pobrecitos esos niños, tienen que sufrir mucho.

MUJER A ¿Y los de las viudas y viudos?

MUJER B (*Mira a* MUJER A *fijamente. Tensa.*) Pues sufrirán más, digo yo.

MUJER A ¿Y de las madres y padres solos? (*Picada.*) Esos sufrirán como bestias.

   (*Silencio.*) Aunque igual son requetefelices, sin broncas, sin conflictos.

MUJER B Yo… bueno, es complicado.

MUJER A No, no lo es.

MUJER B Es algo nuevo que…

MUJER A ¿Nuevo? ¿Y las madres que toda la vida han criado a sus hijos porque el padre se iba a por tabaco y no volvía? ¿Y las parejas de hombres? ¿Y las parejas de mujeres? ¿Y si uno de ellos es no binario? ¿Y si se trata de una persona trans que ha tenido un hijo y luego asume su verdadera identidad? ¿Y si…?

MUJER B ¡Vale, déjalo! Me estás agobiando, a mí qué me cuentas, no tengo ni idea de todas esas posibilidades e, incluso, me dan igual, yo solo expresaba mi idea. Y, además, no entiendo la mitad de lo que dices, pero ¿cuántas clases de personas hay?

MUJER A   Ya, tú creías que solo hay dos, hombre y mujer.

MUJER B   Eso tampoco, no me tomes por una ignorante o una mema.

MUJER A   No te tomo por eso.

MUJER B   Lo que ocurre es que el mundo es diferente a como era cuando estábamos en la universidad.

MUJER A   No, es el mismo, solo que ahora se dicen las cosas, con dificultades, con personas como tú que no lo entienden, pero se dicen.

MUJER B   Yo solo he dicho lo que pienso con respecto a la crianza de los niños. Y tengo derecho a pensar así.

MUJER A   Pero no te das cuenta de lo terrible que es ese pensamiento. Esa idea es peligrosa, esa idea lleva a las personas a pasarlo muy mal.

MUJER B   Esto es increíble.

MUJER A   Es la gente como tú la que impide que la gente viva en paz con sus hijos, como quiere y como puede.

MUJER B   Qué ya te he entendido, joder, que ni que fuera yo la culpable de la infelicidad de todos los gais que en el mundo han sido. De verdad, que no se puede tener un rato de charla tranquila contigo.

Mujer A   Me parece tremendo que no te des cuenta de lo ofensivas que resultan esas cosas que dices tan a la ligera.

Mujer B   Pero si no lo decía por ti, seguro que eres una madre genial. Lo siento.

Mujer A   Y el resto de madres y padres de familias de todas clases, ¿qué?

Mujer B   *(Por primera vez está de verdad enfadada.)* De acuerdo, cuando los vea, a medida que me los encuentre, les voy pidiendo perdón a todos, de uno en uno y de rodillas..

Mujer A   *(Ríe.)* Vale. Disculpa, a veces me pongo algo alterada.

Mujer B   Bastante alterada. *(Pausa.* Mujer B *quiere reconciliarse.)* De verdad, que lo siento mucho. Es que a veces me pierde la boca. Perdona. No quiero que perdamos la confianza. Que era muy bonito. Justo cuando nos hemos reencontrado y estamos abriendo nuestro corazón. *(*Mujer A *asiente con la cabeza. Silencio.)* Porque tú has tenido a tu hijo sola *motu proprio*, verdad.

Mujer A   ¿Qué quieres decir?

Mujer B   Que si no estás casada, vamos, que como ahora os podéis casar…

MUJER A   No hace falta estar casada para tener hijos.

MUJER B   ¡Lo sé! De verdad, que no te recordaba tan picajosa.

MUJER A   Lo siento, tienes razón. He tenido a Adrián sola porque así lo he decidido.

MUJER B   ¿No has tenido parejas?

MUJER A   Sí. He estado enamorada varias veces. Y he vivido con una mujer durante varios años.

MUJER B   ¿Y no funcionó?

MUJER A   No opinábamos lo mismo con respecto a tener hijos y al final la relación se agrió.

MUJER B   Qué curioso.

MUJER A   ¿El qué?

MUJER B   Que en el fondo todas las parejas y relaciones se parecen. No son tan distintas.

MUJER A   Pues qué te creías. ¿Que las parejas que no son de hombre y mujer vivían en una orgía perpetua?

MUJER B   No, no. Pero no pensaba en que tuvieran problemas tan… normales, perdón, quiero decir, tan iguales a los del resto de parejas.

MUJER A   Las parejas son de personas, no hay nada original, los impulsos, deseos, conflictos, se repiten. Igual que la soledad.

MUJER B   Y por eso decidiste ser madre sola.

MUJER A   Sí. Fue muy doloroso. Nos separamos.

MUJER B   ¿Y ya no tienes relación con ella?

MUJER A   No.

MUJER B   Qué valiente.

MUJER A   En absoluto. Tenía ese deseo, esa necesidad, no sé, y me lancé. Quizá en vez de valiente fui una inconsciente.

(Ríe.)

MUJER B   Yo no sé si podría.

MUJER A   Podrías, seguro. Las mujeres llevamos miles de años haciéndolo. Y, si lo piensas bien, no tener que compartir la maternidad puede ser una ventaja. Es un alivio no consensuar nada. Todas las decisiones son mías, si me equivoco o acierto es mi responsabilidad. A veces pesa, a veces quisiera tener otra opinión, pero enseguida se me olvida, en cuanto me doy cuenta de que no me gustaría que no me dieran la razón. Soy así de cabezona, ya sabes. Me gusta. Cada vez conozco a más mujeres, lesbianas o no, que deciden tener hijos solas. Y oye, tan contentas que están.

MUJER B Yo no sé si podría. Necesitaría apoyo, la visión del padre, la disciplina es una responsabilidad muy masculina.

MUJER A No me lo puedo creer, otra vez lo mismo. Parecía que entendías algo y volvemos al principio. Qué discurso más retrógrado.

MUJER B ¡Qué dices!

MUJER A Que no te recordaba tan anticuada.

MUJER B No es anticuada, es otra cosa.

MUJER A Me vas a decir que la mujer tiene una visión del mundo y una misión en él. Que igual una mujer sola y lesbiana no debería tener hijos.

MUJER B Ya te he dicho que no es eso. Es otra cosa.

MUJER A Ya, es otra cosa que nos da un poco de miedo nombrar.

(Silencio.)

MUJER B No quería ofenderte.

MUJER A Lo sé. Discúlpame tú a mí. Es que no es tan fácil, en realidad. No me gusta admitirlo, pero a veces estoy desbordada.

MUJER B   ¿No tienes ayuda? Tu madre, por ejemplo.

MUJER A   No. Mi madre murió hace diez años. No lle-
           gó a conocer a Adrián. A veces pienso que es
           lo mejor. No sé si lo hubiera entendido. Para
           ella fue difícil admitir que su hija no era como
           las demás. (*Pausa.*) Sabes, a veces, pocas, pero
           a veces, pienso que me equivoqué. Que no cal-
           culé bien y que la maternidad no es para mí,
           que me supera. Y entonces me siento muy cul-
           pable, y miro a Adrián, que es inocente, y me
           convenzo de que soy la peor madre del mun-
           do, de que él no se merece que su madre dude
           de si debió venir al mundo o no, y me odio.
           Pero es que la vida ya no es igual. Aunque
           debo reconocer que tampoco antes de Adrián
           mi vida fuera ir de aventura en aventura. Siem-
           pre he sido muy sosa, me cuestan las relacio-
           nes, cambiar de trabajo, hacer amigos nuevos,
           incluso planear unas vacaciones. (*Pausa.*) Para
           ser honesta, mi relación de pareja ya era un
           desastre antes de que me empeñara en ser ma-
           dre, eso solo aceleró el final. Pienso que qui-
           se tener un hijo porque tengo miedo a que-
           darme sola, y eso no es justo para Adrián. A
           los hijos hay que quererlos sin más, no para
           que nos arreglen nuestras neuras. Y con estos
           pensamientos me quedo en un bucle sin sali-
           da. Pero no quiero parecerte la típica madre
           frustrada sin vida propia, porque tampoco es
           así. La mayor parte del tiempo, no, todo el
           tiempo menos una pequeñísima parte, soy
           muy feliz con mi hijo. Hacemos muchas cosas

me alegro tanto de verte

juntos, nos divertimos. También sé que con
un hijo me va a costar más tener una relación,
ya voy con una mochila importante… Tampoco tengo mucha gente alrededor, las madres
de los otros chicos me dan mucha pereza y un
poco de envidia, siempre saben qué hacer, tienen a sus madres, parejas, amigas… Se apo-
yan, quedan para tomar café mientras los niños están en las extraescolares, y me dicen
que vaya con ellas, pero siempre digo que
no, porque pienso que igual meto la pata,
que igual me miran raro si les digo que soy
lesbiana o, peor, igual me dicen que tienen
una amiga lesbiana y que haríamos buena pareja, que entonces sí que me muero de ver-
güenza. (*Pausa.*) No sé porqué te cuento todo
esto. No hablo de sentimientos con nadie, solo
tenerlos ya me angustia, así que contarlos…
Aunque tampoco tengo a nadie a quien contarlos. (*Pausa.*) Es curioso, hace años que no
nos vemos, pero tenemos esta confianza, de-
cimos lo que tenemos dentro sin más, no sé,
es fácil hablar de cosas íntimas contigo.

MUJER B   Yo también estoy a gusto contigo.

MUJER A   Nunca hablo con tanta libertad de este tema,
de mi hijo y de mis dudas, de que igual las decisiones que más pensamos y con más ilusión
asumimos son las más pesadas de llevar. La
verdad, nunca hablo de este tema, no con
tanta libertad ni con nadie. (*Se ahoga con angustia. Está teniendo un ataque de ansiedad.*

Empieza a hiperventilar.) Dame una servilleta, me sudan las manos. Nunca hablo de este tema.

MUJER B   (*Le da la servilleta y se ríe para aliviar la tensión. Se acerca y le seca la frente con cariño con otra servilleta.*) Pues hoy te has desmelenado. ¡Menudo discurso!

(MUJER B *acaricia la frente a* MUJER A *hasta que esta se calma.*)

MUJER A   Perdona.

MUJER B   ¿Perdonar? Tu discurso por el mío.

MUJER A   Ja, ja, será que me siento bien contigo.

MUJER B   Me alegro.

MUJER A   Y tú no te has quedado corta, que también has soltado lo tuyo.

MUJER B   Sí, ha sido como soltar lastre.

MUJER A   Como una terapia.

MUJER B   Pero sin que te tomen por loca.

MUJER A   A veces es más fácil contarle la intimidad a una desconocida.

MUJER B   Pero nosotras no somos desconocidas.

MUJER A   Tienes razón. Nosotras somos amigas.

MUJER B   Y cada una tenemos lo nuestro.

MUJER A   Es que no hay vida fácil.

MUJER B   Aunque lo parezca. (*Las dos mujeres se cogen de las manos. Se miran casi con afecto.*) ¿Y no te dio asco lo de la inseminación?

MUJER A   (*Sorprendida por el giro de la conversación.*) ¿Asco? No, no, es todo muy profesional, muy aséptico. Un procedimiento médico sin más.

MUJER B   Como una revisión ginecológica, vamos.

MUJER A   No, no es tan sencillo, pero no es traumático ni nada de eso. Hay que hacer un tratamiento hormonal algo pesado, pero nada más.

MUJER B   ¿Y pudiste escoger al padre?

MUJER A   ¿En qué sentido?

MUJER B   Mujer, en cuál va a ser. Quiero un buen maromo, de un metro noventa, moreno, ojos azules y con el cociente intelectual de Brad Pitt, que seguro que es inteligentísimo. Lo típico, vamos.

MUJER A   (*Ríe.*) No me siento cómoda hablando de esto.

MUJER B   Lo cierto es que a nadie nos vale cualquier cosa y optamos. Es decir, que tú también escoges.

El color de la piel, la raza… Al final vas a tener razón. Todas las personas nos parecemos más de lo que creemos. Todos tenemos prejuicios.

(Mira a Mujer A *fijamente.)*

Mujer A   *(Pensativa.)* Es posible.

Mujer B   Y sería carísimo.

Mujer A   Sí, no, depende, claro. No se hace porque sea caro o barato, se hace porque es la manera en que se puede hacer.

Mujer B   Yo lo digo porque, por una vez, aunque seas lesbiana, no pasa nada.

Mujer A   No te entiendo.

Mujer B   De verdad, que creía que aquí era yo la tonta. Quiero decir, que podrías hacer de tripas corazón y hacerlo con un tío y te ahorras una pasta.

Mujer A   De verdad que me asombras, ¿cómo voy a hacer eso?

Mujer B   Pues cómo lo vas a hacer, como lo han hecho toda la vida las mujeres cuando están con un hombre que no les pone, aguantarse, que pase pronto y a otra cosa.

MUJER A   (*Ríe.*) Mira que eres bruta.

MUJER B   Pues sí que sois escrupulosas las lesbianas. ¿Ni por una vez?

MUJER A   ¿Tú te lo harías con una mujer solo por una vez?

MUJER B   Si es para conseguir algo, pues sí.

MUJER A   ¿Aunque físicamente te repeliera?

MUJER B   Bueno, igual no me repele tanto. Nunca lo he probado.

MUJER A   Me estoy quedando bastante… loca contigo. ¿Tendrías una relación con una mujer, conmigo, por ejemplo?

MUJER B   Así porque sí, en absoluto. Pero si se da el caso, igual me animo.

MUJER A   No lo entiendo. Es que sí o que no.

MUJER B   Ya te he dicho que soy muy abierta. Se puede probar de todo y luego pues a otra cosa.

MUJER A   Entonces eres bisexual.

MUJER B   ¡Deja de liarme! Que pienso una cosa y me enredas y acabo diciendo otra. (MUJER A *se parte de risa.* MUJER B *se ríe también.*) Y me da igual cómo te pongas, no me voy a acostar contigo, por muy guapa y mucha cirugía que te hayas hecho. Volvamos al tema, estábamos hablando de por qué no te liaste con un tío, que es mucho más práctico y, además, gratis.

MUJER A   Porque eso es cargar al padre con una responsabilidad. Tendría que buscar a un amigo de mucha confianza y no estarían todos los hombres dispuestos a prestarse. Además, seguro que intentaría meterse donde no lo llaman, estar con el niño, decidir esto o aquello… Por no hablar de implicaciones legales, quita, quita.

MUJER B   Pues no se lo dices.

MUJER A   Eso no es ético.

MUJER B   De verdad, que todo son pegas. Mucho decir que soy retrógrada, que me lo has dicho, que no te creas que no me entero, pero al final me parece que la estrecha eres tú.

MUJER A   No es cuestión de ser estrecha, es que no se puede hacer padre a cualquiera y pasar de todo.

MUJER B   Pues no se hace así con las vacas. Un semental y si te he visto no me acuerdo.

MUJER A   (Ríe.) Pero qué bruta eres.

MUJER B   Yo lo veo de lo más práctico. A fin de cuentas es lo mismo, qué más da un tío al que no se le dice que va a ser padre, que un tío anónimo que se ha corrido en un vaso. Al final, ninguno se entera. Yo no veo la diferencia.

MUJER A   La diferencia es que el tío del vaso sabe lo que está haciendo y lo asume. Si te acuestas con un hombre para quedarte embarazada y no se lo dices, lo estás engañando.

MUJER B   Bobadas. Demasiados reparos por un polvo de conveniencia.

MUJER A   No creo que hables en serio.

MUJER B   (*Seria.*) Totalmente. (*Silencio.*) De todas maneras, no te envidio.

MUJER A   ¿Cómo?

MUJER B   Que no te envidio en lo de tener un hijo. Oye, que yo estoy muy a favor de tener hijos, que a ver quién nos va a pagar las pensiones y todo eso, ja, ja. Pero lo de tenerlo yo, como que no. Ni siquiera se lo encargaría a otra. (*Pausa.*) Sí, eso de los vientres de alquiler, que ya ves, todo son ventajas, te quitas el embarazo, las estrías y el parto, pero, al final, tienes que criar igual, con los mocos, las cacas... Y luego lo peor, los adolescentes insoportables, los estudios, quita, quita. Así que igual no es tanto chollo eso de que paran por ti.

MUJER A   Qué dices, ¿de verdad piensas con esa frivolidad de las mujeres que son utilizadas como vientres de alquiler?

MUJER B   Eh... *(Con prevención.)* No, claro que no, es que a veces hablo un poco así, yo... Ya me conoces, que digo y digo...

MUJER A   ¡Joder! Es que me indigna. Me pongo mala con ese tema.

MUJER B   Vale, vale. No pasa nada. Igual es que no he reflexionado mucho sobre esto. Tampoco es para tanto.

MUJER A   ¡Pues piensa en ello! Que dices lo que se te pasa por la cabeza sin más, ¡es increíble! Todo es hablar y hablar, como si lo que se dice no tuviera consecuencias. Porque, qué piensan las mujeres que se quedan preñadas por encargo y paren, ¿eh?, ¿qué piensan?, ¿eh?, ¿eh?

MUJER B   ¡Y yo qué sé lo que piensan! Deja de agobiarme, hacerme preguntas y decirme qué debo decir y qué no. ¿Qué piensan? ¿Todas? Pues cada una pensará lo que le dé la gana, a mí qué me cuentas. No es mi problema.

MUJER A   Ese es precisamente el problema, que no lo consideramos nuestro problema y lo es, vaya si lo es.

MUJER B   No, si ahora vamos a hacer un problema con lo que es problema y lo que no es un problema. Mira, te lo voy a decir como lo siento, porque es la verdad: te pones algo intensa.

MUJER A   Y tú no tienes conciencia feminista.

MUJER B   Yo soy femenina.

MUJER A   Y yo soy femenina también. Desde cuándo no se pueden ser las dos cosas.

MUJER B   No te parezca mal, pero igual no tienes amigas ni pareja por dar así la brasa.

MUJER A   ¡Tengo muchas amigas! Que no las vea y no hable con ellas no tienen nada que ver. En cuanto a la pareja, mira quién fue a hablar, ¿tienes tú pareja, amigos? Que se ve que estás necesitada, no paras de dar tu opinión de todo sin tener idea de nada.

MUJER B   Tengo una estupenda vida social, todos mis compañeros de trabajo se parten de risa conmigo, y no porque sea su jefa, sino porque soy graciosa e interesante, que me lo dicen con sinceridad, «qué graciosa eres, qué interesante», que eso se nota, y más yo, que soy de naturaleza sensitiva. No tengo ninguna necesidad de dar la chapa a nadie, como tú.

MUJER A   Tengo una opinión formada porque leo, busco en internet, me paso la noche cultivando mi mente. No sé qué harás tú; beber *gin-tonics* en bares, supongo.

MUJER B   Alguno que otro, mejor eso que amargada en casa. Internet, culta, ¡ja!, seguro que miras porno para lesbianas, que seguro que de eso abunda.

MUJER A   Mira, si pretendes molestarme, no lo vas a conseguir. Y ver porno para lesbianas no tiene nada de malo, o es tan malo como el porno para mujeres heteros que verás tú.

MUJER B   Mujeres heteros, siempre el término relamido y preciso.

MUJER A   ¿Relamido? ¿Pero cómo lo dices tú?

MUJER B   No lo digo. Digo mujeres.

MUJER A   Y yo qué soy.

(Silencio.)

MUJER B   Dios, de verdad que de todo tienes que hacer una polémica. No recordaba que discutiéramos tanto. Estás estropeando esta tarde tan agradable.

MUJER A   Tienes razón. *(Pausa.)* Además, me estabas hablando de que no habías tenido hijos y te he cortado. Lo siento. Hay algunas cosas que me indignan mucho y a veces no controlo.

MUJER B   Ya lo veo. ¿No te cansa?

MUJER A   ¿El qué?

MUJER B   Estar siempre enfadada y a la que salta.

MUJER A   No. ¿Y a ti no te cansa ir siempre como si nada fuera contigo?

MUJER B   Tampoco. Tampoco me cansa.

MUJER A   Esta conversación es extraña.

MUJER B   A veces parece que hablamos de lo mismo. A veces parecen idiomas diferentes.

MUJER A   Es que somos distintas. Nuestras vidas son distintas.

MUJER B   Pero estamos solas igual.

MUJER A   Solas igual.

MUJER B   Pero eso es bueno.

MUJER A   ¿Qué estemos solas?

MUJER B   No, que ya no lo estemos, nos hemos reencontrado.

MUJER A   Eso es verdad.

MUJER B   Y además, con vidas tan distintas para luego
           llegar las dos al mismo sitio, igual aprendemos
           algo las dos; la una de la otra, quiero decir.

MUJER A   (*Con afecto.*) Y tú estas muy a favor de apren-
           der, ¿o me equivoco?

           (*Ríen las dos.*)

MUJER B   No, no te equivocas.

MUJER A   En serio, tengo curiosidad. ¿Nunca has sen-
           tido ese deseo, el deseo de ser madre?

MUJER B   Para nada. Tú está claro que sí, por eso te has
           inseminado. Perdona, pero es que tengo en la
           cabeza lo del semental y las vacas y es que, ja,
           ja, ja, no puedo, de verdad, qué imagen…

MUJER A   (*Molesta.*) Sí, como las vacas. El ser lesbiana es
           lo que tiene, nos inseminan como a las vacas.

MUJER B   No te ofendas, mujer. Que acabamos de vivir
           un momento muy bonito.

MUJER A   Pues no digas sandeces. Es que estás sembrada.

MUJER B   Perdona, de nuevo. Pensaba que las lesbia-
           nas erais más abiertas, con más sentido del
           humor.

MUJER A   Pues te equivocabas. Somos cerradas y siesas. Será por el complejo de vacas.

MUJER B   Uy, de verdad, que no acierta una contigo.

MUJER A   Pues deja de hablar de las lesbianas como si fuéramos una especie a estudiar por zoólogos.

MUJER B   Vale, vale.

MUJER A   *(Se interesa sincera.)* ¿De verdad nunca has querido tener hijos?

MUJER B   No.

MUJER A   ¿Por eso te divorciaste?

MUJER B   No, ya te lo he dicho. Me divorcié cuando me di cuenta de que estar atada a un gilipollas no era lo que yo quería.

MUJER A   Es que me parece raro que nunca hayas tenido el impulso de ser madre, ese deseo que nos viene por naturaleza.

MUJER B   Pues nunca, para nada. Ni de niña. Jugaba con muñecas y casitas porque no tenía otra opción. No sabes cómo me aburría. De adolescente y jovencita, cuando las amigas hablaban de novios y embarazos hacía como que me interesaba, ya sabes, me gusta estar a bien con todos y qué más me da, total, nadie va a cambiar de opinión. Pero no me malinterpretes, yo estoy muy a favor de los niños y las familias, de los otros, claro, ja, ja. Cuando me casé no me planteaba una familia, yo lo que quería era salir de casa de mi padre lo antes posible. Recuerda que mi madre murió cuando yo era niña. Convivir con un padre superprotector y asfixiante solo me estimulaba a beber y salir de fiesta. Si no me casaba, mi padre no me iba a permitir vivir por mi cuenta. Con la boda tenía un problema y lo solucioné. Cuando me divorcié alquilé un piso para mí sola por primera vez y descubrí que lo que me gusta de verdad es vivir sin depender de nadie y que nadie dependa de mí, con mi trabajo, mis cosas, estar sola, viajar sola…

MUJER A   Follar sola.

MUJER B   (*Ríe.*) ¡Cómo eres!

MUJER A   Porque follar, follarás.

MUJER B   Sí, claro, cuando surge, que, vamos, casi no surge…

MUJER A   Algo tendrás por ahí.

MUJER B   No, de verdad.

MUJER A   (*Piensa en los preservativos.*) Pero hay que ser previsora, nunca se sabe dónde y cuándo puede estar la ocasión. Una mujer como tú, tan libre, tiene que estar preparada para lo que pueda pasar, llevar siempre protección por si acaso.

MUJER B   Sí…, supongo. No sé a qué te refieres.

MUJER A   A que si no se tienen relaciones no se toman precauciones.

MUJER B   Ya. Sí. Precauciones, lo que tú digas.

MUJER A   Cuidado, porque las «precauciones» tiene fecha de caducidad. Que se pueden quedar olvidadas en un bolso y luego ya no valen.

MUJER B   Que no tengo nada con nadie.

MUJER A   ¿Estás segura?

MUJER B   Pues claro, ¿pero qué pregunta es esa?

MUJER A   Así que a dos velas.

MUJER B   Más o menos.

MUJER A   ¡Más o menos! ¡Así que hay algo con alguien!

MUJER B   De ciento en viento. Y deja este tema, me pone muy nerviosa.

MUJER A   Mmmm… Por eso estás tan alterada. Porque no follas lo suficiente.

MUJER B   Y dale. Alterada, ¿en qué me ves tú alterada? Yo soy muy de paz espiritual.

MUJER A   Sí, estás alterada. Es evidente. Cuando no se folla hay como una inquietud, un no sé qué… Un ir por la vida más agitado, como con una desazón. Y eso se nota, como si llevaras bragas negras con *leggins* blancos. Te las pones y te convences de que nadie las notará, pero algo te dice que te equivocas, que se transparentan, que todos con los que te cruzas las ven, y eso te pone nerviosa.

MUJER B   Qué exagerada, por favor. Menudo ejemplo cutre, yo no me pongo *leggings* ni borracha, y blancos… Y no creo que se me note, eso te lo estás inventando. (*Se ríen.*) Además, mira quién fue a hablar, tú, que no se te ve muy calmada cinco minutos seguidos, que te pones como loca con todo. Debes llevar años de sequía.

MUJER A   Eso también es verdad.

MUJER B   ¿No tienes un apaño? Aunque no sea de vivir juntas, una pareja para eso y nada más.

MUJER A   Para eso, es que no lo puedes decir o qué. No, no tengo ninguna pareja estable con la que follar.

MUJER B   ¡Ajá! Pero ligas mucho.

MUJER A   Para nada.

MUJER B   Vamos, que hablas por experiencia en lo de estar alterada. Mira que yo pensaba que las lesbianas teníais una vida sexual intensa, más promiscua.

MUJER A   Ya estamos, es que no puedes dejar de decir idioteces.

MUJER B   ¡Pero qué he dicho ahora! Si es un elogio.

MUJER A   ¿Un elogio al colectivo lésbico? Como somos todas una masa uniforme que hacemos todas lo mismo, pues eso, todas unos pendones, hala, a follar en masa unas con otras. Un elogio. Y se puede saber a quién elogias, a las que follan o a las que no follan, porque tampoco eso está claro…

MUJER B   ¡Bueno, ya vale! Qué cansina que te pones. Ya me ha quedado claro. Cada lesbiana es un mundo y tú no te comes un rosco.

MUJER A   Ni un rosco, ni nada. No me como nada. *(Ríen con el doble sentido.)* Menos mal que tenemos la ayuda mecánica.

MUJER B   ¡Te lo haces con un mecánico! Eres una lesbiana rarísima.

MUJER A   Madre mía, estás en Babia. Ayuda mecánica.

(Hace el gesto de encender un aparato y colocárselo en el sexo, simula que se frota y pone cara de éxtasis.)

MUJER B   (*Ríe.*) Para, para, eres la monda.

MUJER A   Te lo recomiendo.

MUJER B   Hoy mismo me lo pido por internet. (*Se ríen. Chocan los vasos de agua mirándose. Se produce un silencio de extraño afecto.*) Me gusta estar sola, pero no te creas que estoy tan sola.

MUJER A   No, ni yo. Adrián me absorbe y después de la separación, ya sabes, los amigos son comunes y se pierden, pero siempre queda alguien.

MUJER B   Sí, siempre hay alguien con quien tomar una copa, echar unas risas…

MUJER A   Eso, es bueno echar unas risas y hablar de vez en cuando.

MUJER B   Tener a quién contar lo que duele contar.

MUJER A   Tener a quién contar lo que no se puede contar. (*Cada una se recoge en sí misma. Se miran.*) Disculpa. (*Busca el móvil y lo revisa.*) Nada, es que vibró, pensaba que tenía… No es nada.

MUJER B   Sí. (*Busca también el móvil.*) Yo ya llevo un rato que parece que también suena en el bolso. (*Mira, no tiene tampoco ningún mensaje.*) Nada, tampoco es nada.

MUJER A   No quiero entretenerte.

MUJER B   Claro, claro, yo a ti tampoco.

MUJER A   Esto…, se me hace tarde. Tengo que ir a buscar a Adrián.

MUJER B   Sí, sí, a mí también se me hace tarde. (*Mira el reloj.*) Uf, qué horas.

MUJER A   (*Bromea.*) Igual no llegas a esa cita secreta, ya sabes, a «ese más o menos» que no quieres contarme.

MUJER B   (*Da un golpecito a* MUJER A.) Cómo eres, siempre tan cachonda. No, no, es que tengo cosas que hacer. Como tú, supongo.

MUJER A   Muchísimas.

MUJER B   Recoger al niño y todo eso.

MUJER A   Sí, y todo eso.

MUJER B   ¿Vives muy lejos?

MUJER A   Un poco, ¿y tú?

MUJER B   También, cojo un autobús.

MUJER A   ¡Camarero!

MUJER B   Deja que te invite.

MUJER A   Ni hablar. O te invito yo o a medias.

MUJER B   Vale, como en la universidad.

MUJER A   Eso, como en la universidad.

           (Se miran con intensidad. No ocurre nada. Bajan la vista hacia sus bolsos y rebuscan los monederos, sacan unas monedas y las dejan en la mesa. Se colocan para despedirse.)

MUJER B   Pues me ha encantado volver a verte.

MUJER A   Ya, a mí también me ha encantado. Tenemos que repetirlo, que se nos han quedado muchas cosas en el tintero.

MUJER B   Claro, estaría genial. Quedamos cualquier día para tomar un café.

MUJER A   Eso, cualquier día es bueno…

MUJER B   … para reencontrarse con viejas amigas.

MUJER A   Mejor antiguas amigas, que no somos unas viejas.

MUJER B   Dices bien. Querida, un abrazo y hasta pronto.

MUJER A   Un abrazo y dos besos. Tenemos una conversación pendiente.

MUJER B   Sí, tenemos que recuperar estos años. *(Se abrazan, se besan.)* Toma mi teléfono.

(Busca en su cartera y saca una tarjeta.)

MUJER A Y el mío, espera, te lo escribo en esta servilleta.

(Coge un bolígrafo del bolso y garrapatea el número en una servilleta de papel. Se intercambian los teléfonos.)

MUJER B Chau.

MUJER A Chau.

(Se separan, se giran e inician la salida en direcciones opuestas.)

MUJER B *(Aparte.)* ¿Pero quién era esa lesbiana loca? Como me llame para quedar, me da algo.

MUJER A *(Aparte.)* Y esta tía chalada. De dónde habrá salido. Menuda integrista desatada. Como me llame, le digo que me he ido a vivir al extranjero.

(Las dos arrugan y hacen ademán de tirar los papeles con los teléfonos. Las dos se lo piensan y los guardan con cuidado en sus bolsos.)

Fin

Esta primera edición de *Me alegro tanto de verte*,
de Susana Sierra Álvarez, terminó de imprimirse
en abril de dos mil veinticuatro,
en Madrid